Género **Ficción realista**

Pregunta esencial

¿Qué aprendemos de las culturas a través de las tradiciones?

Una fila de lámparas

Paul Mason • ilustrado por Caroline Hu

Capítulo 1
Algo especial. 2

Capítulo 2
Luz y oscuridad 6

Capítulo 3
La invitación 9

Capítulo 4
¡A mirar las luces!. 13

Respuesta a la lectura 16

LECTURA COMPLEMENTARIA **Diwali** 17

Estudios Sociales 20

Capítulo 1

Algo especial

La clase de arte era mi favorita de la semana. La señora Jones nos pidió que dibujáramos algo preciado para nosotros. Supuse que debía ser algo especial. Quería preguntarle qué quiso decir, pero no dije nada. Solo había estado en la escuela unas semanas y ser la niña nueva puede ser difícil. Simplemente bajé la cabeza y empecé a dibujar.

Mia, la chica que estaba sentada a mi lado, dibujaba un guanaco muy bonito en su morada. Luego miró mi dibujo.

—Es un diseño muy bueno, Anjali —dijo.

Yo sonreí y asentí con la cabeza. Pero no dije nada. Mia dijo que le gustaban mucho los colores brillantes y las formas.

Detective del lenguaje ¿Qué parte de la oración es la que está subrayada? ¿Cómo lo sabes?

—Gracias— dije en voz baja—. Se llama *rangoli*. Es un símbolo que dibujamos para celebrar el Diwali.

—¿Di-ga-i?—preguntó Mia.

—Diwali —contesté sonriendo—. Es un festival anual con luces bonitas y fuegos artificiales, buena comida y muchos postres. Siempre hacemos una fiesta.

—Suena divertido —dijo riendo—. Me gustan esas fiestas.

Mia volvió a su dibujo.

Pensé en invitarla a mi casa para celebrar el Diwali con nosotros. Yo no tenía amigos en la escuela y Mia era amable, pero quizás nuestra tradición le parecería extraña, así que no pregunté.

Capítulo 2

Luz y oscuridad

Esa noche, papá estuvo de acuerdo con invitar a Mia a celebrar el Diwali.

Papá estaba ocupado mientras vigilaba la preparación de las lámparas y los faroles del Diwali mientras yo esperaba ansiosa a que se iluminaran para el festival.

—Pero podría pensar que es extraño porque no sabe nada del Diwali —dije.

—¿Por qué crees que ponemos todas estas lámparas? —dijo.

—¿Para iluminar la casa? —pregunté.

—Tienes razón —dijo sonriendo—. Es para que la luz pueda vencer y ahuyentar a la oscuridad, pero en nuestra cultura también nos recuerdan que aprender cosas nuevas es como "ver la luz". El Diwali trae buena suerte y todos pueden celebrarlo.

Pensé en lo que dijo papá.

—¿Así que enseñarle a Mia sobre el Diwali sería algo bueno?

—Así es —dijo—, ahora hay que decorar la entrada de nuestro hogar.

Capítulo 3

La invitación

Al día siguiente, en la escuela, no estaba segura de invitar a Mia. Quería hablar con ella en el recreo, pero estaba con un grupo de amigas, y yo no tuve el coraje de preguntarle porque temía que se burlaran.

Así que comí mi merienda sola. Tal vez fuera mejor así.

Más tarde Mia se acercó.

—Busqué sobre el Diwali en Internet. Significa "fila de lámparas", ¿verdad?

—Sí, —respondí sorprendida—. Ponemos luces en toda la casa, y el Diwali dura cinco días.

—¿Cinco días enteros? —Mia movió la cabeza—. ¡No me digas! ¿Cómo es que mi familia no hace algo así?

—Puedes venir si quieres. Me preocupaba que dijeras que no. No quería enfrentar una desilusión.

—¿De verdad? —dijo Mia sonriendo—. Me encantaría. Pero, ¿estás segura?

—Claro, papá dijo que podía invitarte a la celebración principal mañana por la noche. Será divertido.

—¡Estupendo! Le pediré permiso a mamá. Habrá muchos postres, ¿no?

—¡Por supuesto! —dije riendo.

Capítulo 4

¡A mirar las luces!

A la noche siguiente nuestra casa se veía hermosa. Las lámparas de la entrada eran doradas y brillantes, también había faroles por todas partes y luces en las ventanas. La casa brillaba en la noche oscura. Yo había hecho un rangoli cerca de la puerta principal para dar la bienvenida a todos.

Yo seguía mirando por la ventana. Mia y su padre aparecieron por el sendero. Ella corrió a saludarme y me deseó un feliz Diwali.

—Tú debes ser Anjali —dijo el padre de Mia—, Mia habla mucho de ti. ¡Esas decoraciones son hermosas!

Detective del lenguaje

¿Qué parte de la oración es la que está subrayada? ¿Cómo lo sabes?

Fuimos charlando hacia la casa. Mia le mostró a su padre el rangoli que yo había dibujado. Escuché con orgullo mientras le explicaba lo que había aprendido acerca del Diwali.

Sonreí. Papá tenía razón: gracias a mí, Mia había aprendido algo nuevo y, además, yo había hecho una amiga. Todo gracias al Diwali.

Respuesta a la lectura

Resumir

Usa detalles de *Una fila de lámparas* para resumir el cuento. Usa tu organizador gráfico como ayuda.

Personaje

Ambiente

Principio

↓

Desarrollo

↓

Final

Evidencia en el texto

1. ¿Cómo sabes que este cuento es de ficción realista? ¿Qué partes son probablemente verdaderas y cuáles no? Género
2. ¿Qué sucede cuando Anjali conoce a Mia? Secuencia
3. ¿Qué significa *festival* en la página 4? Usa las claves de la oración como ayuda. Claves de contexto
4. Lee el capítulo 3. Escribe sobre lo que sucede en el recreo. Vuelve a contar los sucesos en orden. Escribir sobre la lectura

Género Texto expositivo

Compara los textos

Lee sobre la tradicional fiesta de Diwali.

Diwali

El Diwali comenzó en la India, pero hoy se celebra en todo el mundo. El festival se realiza en otoño y puede durar cinco días.

Las luces tienen un papel importante en esta fiesta. En algunos lugares de la India, la gente hace flotar pequeñas lámparas en los ríos. Por la noche, miles de lucecitas se desplazan por el agua. En otros lugares, se cuelgan lámparas de colores en las casas.

El rangoli se hace con harina de arroz, granos o polvos de colores.

El *rangoli* es una parte tradicional de Diwali. Estos diseños se ponen en las entradas de las casas para dar la bienvenida a los visitantes. Crearlos lleva tiempo. Primero, se dibuja el contorno de una figura con harina de arroz o granos. Luego, se rellena la figura con polvo de colores. Algunos *rangoli* representan animales o plantas. Otros son patrones que se repiten.

En el festival de Diwali todos se divierten. La gente compra ropa nueva para la ocasión. También se hacen regalos para demostrar afecto. En las reuniones, se comen bocadillos y postres.

El laddu son bolas de masa con almendras.

Haz conexiones

¿Qué tradiciones forman parte del Diwali? Pregunta esencial

¿Cómo te ayudó este artículo a comprender la cultura de Anjali? El texto y otros textos

Enfoque:

Estudios Sociales

Propósito Comprender cuál es el papel de las tradiciones en una cultura.

Procedimiento

Paso 1 Investiga las tradiciones del festival de Diwali en una región de la India.

Paso 2 Escribe un párrafo acerca de las tradiciones sobre las que hayas aprendido.

Paso 3 Comparte lo que aprendiste con otros compañeros.

Paso 4 Comenta en qué se asemejan y en qué se diferencian las tradiciones del festival de Diwali en las regiones que han investigado.